Ernest CHABRAND
Ingénieur

Bibliothèque du Touriste en Dauphiné

Les Moines Rouges

GRENOBLE
Xavier DREVET, éditeur
Imprimeur-Libraire de l'Amitié
14, rue Lafayette, 14
Succursale à Uriage-les-Bains

LIBRAIRIE XAVIER DREVET

LIBRAIRIE DE L'UNIVERSITÉ ET DE L'ACADÉMIE. — FONDÉE EN 1785
14, rue Lafayette, 14, GRENOBLE
Succursale à Uriage-les-Bains.
Bureaux du Journal LE DAUPHINÉ

BIBLIOTHÈQUE LITTÉRAIRE DU DAUPHINÉ

Nouvelles et Légendes Dauphinoises, par LOUISE DREVET membre de la Société des Gens de Lettres de France, Officier de l'Instruction publique, ☉ I.

Le Petit-Fils de Bayard (3ᵉ édition, avec illustrations)...	3 »
Aventure de Mandrin (3ᵉ édition avec illustrations).......	1 50
La Malanot. — Jérôme le Têtu. — Le Gant Rose, etc...	5 »
Le Saut du Moine (2ᵉ édition avec illustrations).........	1 50
Le Saule. — L'Incendiaire. — Philis de la Charce.......	3 50
Le Secret de la Lhauda	» »
Les Trois Pucelles (2ᵉ édition)........................	1 »
La Ville Morte des Alpes (2ᵉ édition avec illustrations)*.	1 50
Colombe (nouvelle édition avec illustrations)	2 »
De Briançon à Grenoble en diligence (sur pap. Hollande) .	1 25
Le Château Enchanté (2ᵉ édition, avec illustrations).....	2 »
Dauphiné Bon-Cœur (Mᵐᵉ de Vaucanson) (2ᵉ édition).....	» »
La Chanteuse de Valence (Une Étoile Filante)............	2 50
La Perle du Trièves	3 50
Les Diamants Noirs (nouv. édition avec couv. illustrée)...	3 50
Philis de la Charce et l'Invasion du Dauphiné, 3ᵉ édition..	3 »
Le Violonaire. — La Sandrine, drame dans le Vercors. — Les Lavandières du Mont-Aiguille..................	3 »
La Semaine de Jean Cotiquard (in-4ᵒ avec illustrations)..	1 50
Une Patriote : Philis et l'Invasion (avec illustrations)...	2 »
Le Prince-Dauphin et la Belle Vienne. — Un Geste de Charlemagne.—Le Songe du Prince-Évêque de Grenoble	0 70
Isérette (2ᵉ édition, avec couverture illustrée)..........	3 50
Bobila, 1814 ! (avec 9 dessins et couverture illustrée)....	1 »
Le Dogue de Lesdiguières (avec dessins et couv. illustrée)..	2 »
Anne Quatre-Sous (avec dessins et couvert. illustrée)....	1 50
Les Bessonnes du Manillier (nouvelle édition)...id......	3 50
La Guette de Saint-Maurice de Vienne (avec illustration)..	1 50
Promenades en Dauphiné.........................	1 50
Héros sans gloire! (Bobila. — Le Dogue. — Anne Quatre-Sous) (avec de nombreuses illustrations).....	3 50
La Dernière Dauphine, Béatrix de Hongrie (illustré)....	3 50
En Mateysine. Les Filleules de M. de Mailles (illustré)...	1 50
Les Légendes de Paladru (avec illustrations)	1 50
Le Portebaffe de l'Oisans (2ᵉ édition, avec illustrations)..	1 50
Les Funérailles de la Dauphine (avec illustrations).....	» 50
La Maison des Îles du Drac (Le Dauphiné en 1815-16) 2 volumes, avec nombreuses illustrations historiques..	6 »
Tu seras Roi ! (Le Dauphiné en 1788. Bernadotte à Grenoble)	3 50
La Vallée de Chamonix et le Mont Blanc................	1 »

4-05

LES MOINES ROUGES

RUINES DU PRIEURÉ DE SAINT-MICHEL-DE-CONNEXE

Ernest CHABRAND

Ingénieur

Bibliothèque du Touriste en Dauphiné

Les Moines Rouges

GRENOBLE
Xavier **DREVET**, éditeur
Imprimeur-libraire de l'Académie
14, rue Lafayette, 14
Succursale à Uriage-les-Bains

Publication du Journal Le Dauphiné

Fondateurs : Louise **DREVET** I. ✥
Membre de la Société des Gens de Lettres.

et Xavier **DREVET**

Directeur : Xavier **DREVET**

Tous droits de reproduction et de traduction réservés.

ETTE année, la Société des Touristes du Dauphiné avait choisi, comme objectif de sa première excursion collective de printemps: *Les Moines Rouges*; vocable suggestif et mystérieux, s'il en fût, sous lequel les gens du pays de Champ ont gardé l'habitude de désigner les ruines d'un très ancien moustier, perchées sur le penchant sud de la montagne de Connexe, plus haut que la Tour de Champ, à la lisière d'un bois appelé le Bois de Fer, au-dessus du Drac.

Ces ruines semblent ignorées du touriste, sans doute, à cause de leur éloignement des sentiers catalogués et battus par la foule et cependant, elles méritent d'être visitées, soit à cause du charme mélancolique de l'agreste solitude où elles dressent leurs pans de murs, mutilés par le temps, soit à cause de l'élégance et de la délicatesse de leur architecture et de la sévère beauté des horizons, de la grâce sauvage des perspectives qui leur servent de cadre.

Si le chemin qui mène à ces ruines est peu fréquenté par le touriste, l'histoire du passé lointain dont elles évoquent le souvenir est à peine connue de lui.

C'est pourquoi, tous ceux qui, comme moi, ont eu la bonne fortune de pouvoir admirer, de près, la physionomie pleine de poésie, mais quelque peu énigmatique de ces pierres muettes et s'en sont éloignés, avec le regret de n'avoir pu obtenir d'elles que d'insignifiantes confidences sur les secrets de leur passé, trouveront, je l'espère, quelque intérêt à lire les lignes qui suivent ; elles sont un résumé des souvenirs historiques, des traditions et des légendes, déjà tombés dans l'oubli, qui s'attachent aux origines de ces ruines, à leurs premiers maîtres, aux pieux Cénobites qui peuplaient la solitude silencieuse où elles s'élèvent, aux événements dont, aux jours évanouis, elles furent les témoins. Ces détails, je les ai glanés, de ci, de là, à travers ce fonds si riche en études d'histoire locale et de légendes du pays natal qui s'appelle *Le Dauphiné*, pour les réunir en une modeste gerbe que je me fais un plaisir d'offrir à mes compagnons de course, à titre de souvenir.

Dans un article de l'*Allobroge*, intitulé *Monuments antiques du Dauphiné* et reproduit par M. A. Mège (1),

---

(1) L'ancien prieuré de Saint-Michel-de-Connexe, *Le Dauphiné*, année 1875.

M. Eugène Bonnefous donne de ces ruines la description suivante ; bien que le portrait date de plus d'un demi-siècle, il ne laisse pas d'être encore ressemblant.

« C'est un précieux morceau d'architecture dont la science ne s'est pas encore entretenue. On ne sait, au premier aspect, quel nom jeter au front de ces restes antiques que les habitants du pays appellent le Couvent des Moines Rouges. Il n'est pas douteux, en effet, que ce n'ait été un Couvent et tout porte à croire que c'est là le prieuré de Saint-Michel-de-Connexe. Sa position sur une montagne, à peu de distance de Champ, justifie bien ce qu'en disent Gervais de Tilsbéry et Petrus Borcherius. Le caractère d'architecture qu'on y remarque appartient à l'époque où la fondation de ce Couvent paraît avoir eu lieu, laquelle remonterait au XIe siècle, peu avant celle du prieuré de Saint-Robert qui date de 1070. Le corps de l'édifice est bâti de pierres de tuf ; il est de petites dimensions et d'une hauteur de 10 mètres environ ; une tour tétragone, simple à l'extérieur et se terminant par une pyramide de pierres, s'élève au-dessus de la chapelle ; à l'intérieur, on remarque un dôme dont la voûte est bien exécutée. Quatre grandes arcades, qui déploient beaucoup de grâce dans leurs contours, ornent cette partie de la chapelle ; puis, du côté du sud-ouest, se prolonge une petite nef qui a dû être destinée au chœur. Les chapiteaux des colonnes qui soutiennent les arcades présentent des faces garnies de feuilles, en forme de cône renversé ; les fenêtres à plein cintre offrent une archivolte simple ; quelques-unes sont cachées sous des touffes de lierre. Tout y est délicat dans ses détails, tout s'y harmonise avec une pureté remarquable.

Au-dessous de ce monument existe une chapelle souterraine; elle occupe toute l'étendue de l'église; la partie située sous le dôme est soutenue par un lourd pilier dont le chapiteau est garni de feuilles; c'est une crypte de forme toute particulière; on y entrait par une porte à plein cintre située dans la partie occupée par les bâtiments du Couvent. L'ensemble de cet édifice présente les principaux éléments de l'architecture *romane secondaire* qui fut usitée de 1000 à 1030. Il ne reste du monastère que quelques pans de murailles; la crypte est en partie détruite. »

D'après Em. Pilot de Thorey (1), l'église de Saint-Michel-de-Connexe fut fondée, durant les dernières années du XIe siècle, par un noble seigneur de cette époque, nommé Lantelme; de son vivant, ce Lantelme en fit don, avec les terres environnantes, qui consistaient principalement en bois, ainsi que plusieurs autres églises situées tant dans le diocèse de Grenoble que dans ceux de Gap et de Saint-Jean-de-Maurienne et parmi lesquelles nous citerons celle de Champ, à l'abbaye bénédictine de Saint-Chaffre, située à quelques lieues du Puy-en-Vélay, sous la condition que ce monastère détacherait à Connexe quelques-uns de ses moines et que son corps serait enseveli dans la

---

(1) Prieuré de Saint-Michel-de-Connexe, 1875. *Le Dauphiné*, 12e année.

LE DAUPHINÉ ILLUSTRÉ

RUINES DU COUVENT DES MOINES ROUGES
Phot. P. Bourgarel et Xavier Drevet.

chapelle qu'il avait fait édifier en cette solitude, sous le vocable de Saint-Michel.

Le monastère de St-Michel comptait six religieux de l'ordre de Saint-Benoît, dirigés par un prieur. Ces moines passaient leurs jours dans la prière et l'étude des anciens manuscrits, exerçant largement la vertu fondamentale des ordres monastiques d'alors, l'hospitalité. « Leur costume, dit Mme Louise Drevet (1), se composait d'un habit blanc et d'un froc noir, serré à la taille par une ceinture de peau ; le capuchon dont ils couvraient leur tête était tout rouge et parsemé de petites croix toutes noires, ce qui faisait que le peuple, positif et poétique tout à la fois, appelait tout bonnement ces religieux : *les moines rouges*. Ce nom est resté aux ruines de leur moustier. »

Dix-sept prieurs se succédèrent à Connexe, depuis l'époque de la fondation du prieuré jusqu'à sa suppression ; parmi eux ont figuré, aux XIVe, XVe et XVIe siècles, des *Alleman*, de l'illustre et puissante famille de ce nom. Sur la porte de l'église, du côté du prieuré, étaient gravées les armes de cette famille.

Situé près du passage des troupes et des bandes armées qui, tour à tour, assiégèrent, prirent, démolirent et rasèrent le château de Champ, le prieuré eut à souffrir des guerres de religion du XVIe siècle.

Il fut pillé et incendié ; les moines, qui n'avaient eu à opposer que la résignation et la prière, abandonnèrent leur retraite et le prieuré, mis en commande,

---

(1) Le Saut du Moine. *Nouvelles et Légendes Dauphinoises.*

tomba peu à peu en ruines, pour ne plus se relever. Vendus, comme biens nationaux, pendant la Révolution, le 27 mars 1791, au sieur Long, propriétaire à Champ, les immeubles restant de l'antique monastère de Connexe furent convertis en bâtiments d'exploitation rurale.

« Aujourd'hui, disait, il y a une trentaine d'années, E. Pilot de Thorey (1), il ne reste plus traces du chapitre, du cloître, ni des autres dépendances prieuriales; ces lieux que sanctifièrent jadis les pieux Cénobites, sont devenus muets et déserts. De la modeste église, dédiée à l'archange Saint Michel et qui avait la forme d'une croix latine, il ne reste que des soubassements profanés et des jambages en ruine.

Le seul morceau un peu entier est une partie du transept; cette portion de l'ancien édifice, qui était formée de quatre arcades, dont deux seulement sont encore debout, était surmontée d'une coupole au-dessus de laquelle s'élevait, en forme de clocher, une tour carrée que terminait une petite pyramide quadrangulaire en tuf. Percé d'une ouverture à plein cintre sur chacune de ses faces, ce clocher, à un seul étage, était extérieurement et à la naissance de la flèche, orné d'une corniche à cinq arceaux.

Deux colonnes, avec chapiteaux romans ornés de feuillage, supportant une arcature à simple moulure, au-dessus de laquelle prenait immédiatement naissance une voûte à plein cintre, tels sont les seuls élé-

---

(1) Loc. cit.

ments avec lesquels on pourrait reconstituer le chœur.

Au-dessous du sanctuaire existe encore une petite crypte, de forme cylindrique, dont la voûte est soutenue au centre par un énorme pilier rond couronné d'un chapiteau orné de belles feuilles. On communiquait de l'église dans cette chapelle souterraine par deux couloirs sombres et étroits qui existent encore en partie ».

La crypte sert, aujourd'hui, d'abri à des moutons que le propriétaire des ruines laisse pâturer dans les environs.

Le prieuré des Moines Rouges était, au moyen-âge, un lieu de pèlerinage fréquenté, où tous ceux qui voulaient obtenir du ciel quelque faveur venaient faire des vœux et offrir des dons.

« Aussi, femmes bréhaignes en quête d'enfant, vieilles filles désirant un mari, malades désespérés, soupirant après la guérison, accouraient-ils de toutes parts, en ce temps de foi naïve, demander à Saint Michel, patron du prieuré, ce qui leur manquait de santé, de prospérité ou de bonheur... Ces jours-là, le peuple affluait tellement dans la crypte souterraine que plusieurs messes dites par plusieurs Pères n'apaisaient pas sa soif de dévotion. » (1)

Actuellement, paraît-il, le 29 septembre, on voit les gens des pays voisins venir en nombre à Champ, pour y entendre la messe et prier. C'est le seul vestige

---

(1) Le Saut du Moine, par Louise Drevet.

de l'ancien pèlerinage institué par les Moines Rouges.

Dans l'espoir de trouver des trésors enfouis dans les ruines du monastère, les habitants du pays ont pratiqué des fouilles qui n'ont fait découvrir que des sépultures et des souterrains et, en ébranlant l'édifice, en ont activé la destruction.

Un fait singulier, relatif au prieuré et dont il serait oiseux, sans doute, de chercher à contrôler l'exactitude, est ainsi rapporté par un chroniqueur du xviie siècle, Petrus Borcherius, dans son ouvrage intitulé : *Reductorium morale* (1) : « La montagne ardue, sur les flancs de laquelle était construit le prieuré de Connexe, était exposée à toutes sortes de vents ; ils y étaient souvent si violents que les murailles mêmes du couvent en étaient ébranlées et, toutes les fois qu'ils étaient le plus en fureur, ils étaient imperceptibles en la fenêtre du réfectoire qui était très spacieuse ; encore qu'elle fut grande ouverte, elle leur était inaccessible et si l'on y exposait une lampe ou une chandelle, elle n'y était pas plus agitée qu'elle l'aurait été dans un lieu abrité et fermé de toute part. Ces vents, au lieu de l'éteindre, l'enflammaient davantage et fortifiaient l'action de la lumière par la leur qui lui devait être ennemie. On aurait juré qu'ils avaient quelques sentiments de respect pour ce réfectoire où ils n'osaient entrer ».

---

(1) Prieuré de St-Michel de Connexe, par Em. Pilot de Thorey. Loc. cit.

Un autre chroniqueur, dont il ne cite pas le nom, raconte, dit M. Auguste Bourne dans son histoire de *Vizille et ses environs* (1860) « que les moines placés aux fenêtres du prieuré avaient le don de fasciner et d'attirer les voyageurs qu'ils apercevaient sur la route ; on s'est demandé si c'était pour leur offrir l'hospitalité ou pour leur faire payer des droits de passe. »

De la petite plateforme des Moines Rouges, on découvre, par une de ces journées sereines et lumineuses permettant d'identifier tous les détails de la montagne, un assez beau panorama ; au nord, à l'horizon, les cimes de Chamechaude et de la Pinéa, du massif de la Chartreuse ; au premier plan, les riants coteaux de Jarrie, le plateau de Champagnier, le confluent du Drac et de la Romanche, le rocher du Saut du Moine, Fontagnieu, où s'élève le tombeau du général de la Salcette. Un peu à droite, apparaît, par delà le Mont Godard, le Sommet de Chamrousse ; à l'ouest, les crêtes calcaires du Moucherotte, du Pic Saint-Michel, la vaste échancrure du Col de l'Arc, les rochers du Pas de l'Ours, le Col Vert et la chaîne des Deux Sœurs ; aux pieds de la montagne, la voie ferrée de Grenoble à Gap, puis la vaste et morne plaine que le Drac et la Gresse stérilisent sous l'apport de leurs alluvions.

En terminant, je me permets d'exprimer le vœu que l'existence de ces vestiges archéologiques, qui luttent pierre par pierre contre la main destructive du Temps et de l'Homme et n'offriront bientôt plus que des ruines de ruines, sans caractère ni expression, soit, en vue d'assurer leur conservation, signalée par la S. T. D. à l'attention du *Comité de protection des sites et monuments pittoresques.*

27 Mars 1905.

Ernest CHABRAND,
Ingénieur,
Membre de la S. T. D.

www.ingramcontent.com/pod-product-compliance
Lightning Source LLC
Chambersburg PA
CBHW070543050426
42451CB00013B/3146